AF455007

OBSÈQUES

DE M. LE PASTEUR

CHARLES-FRÉDÉRIC SCHMIDT

DISCOURS PRONONCÉS

IMPRIMÉ

Aux frais des Fidèles de l'Église réformée

DE NANCY

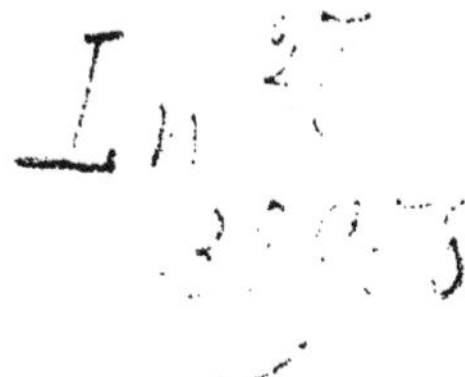

Le 27 juin 1886, M. le pasteur Charles-Frédéric Schmidt était frappé d'une congestion cérébrale, dont il mourait le 1er juillet dans sa quatre-vingtième année, après un ministère de 56 ans, au service de l'Église réformée de Nancy.

Le dimanche, 4 juillet, à quatre heures de l'après-midi, ses obsèques ont eu lieu au milieu d'une nombreuse affluence de ses paroissiens et de personnes étrangères à l'Église, désireux de lui donner un témoignage de leur affection, de leur respect et de leurs regrets. Plusieurs des autorités y assistaient et les pasteurs de Bar-le-Duc, d'Épinal et de Lunéville étaient accourus se réunir aux pasteurs de Nancy, pour rendre les derniers devoirs à leur vénéré collègue et président du Consistoire.

Le cercueil, placé dans le chœur du temple décoré de plantes vertes par plusieurs des anciens catéchumènes de M. Schmidt, disparaissait sous les couronnes et les guirlandes de fleurs déposées au nom du Consistoire, du Conseil presbytéral, du Diaconat, du Comité des dames, des élèves protestants du Lycée et des pensionnats, d'Églises de la consistoriale et de membres de l'Église. La chaire était drapée de noir.

M. Cuvier, collègue et ami du défunt durant 45 ans, a sur la demande de la famille célébré le service funèbre.

Le cortège s'est ensuite rendu au cimetière de Préville. Les cordons du poêle étaient tenus par MM. le pasteur Lange, Lederlin, secrétaire du Consistoire, Matthis, président du Comité de secours protestant, Ed. Muller, représentant au Consistoire, Méalin, proviseur du Lycée, et Druon, membre de la Commission d'examen pour le brevet de capacité. Les pasteurs en robe, MM. Cuvier, Nyegaard, Blanck, Cleisz, Goguel et Dannreuther, suivaient le corbillard.

Au bord de la tombe ont pris la parole : M. Duvernoy, au nom de l'Église de Nancy, et M. le pasteur Lange, de Lunéville, au nom des Églises de la consistoriale.

DISCOURS

DE

M. LE PASTEUR CUVIER

MESSIEURS,

Il y a dix jours le vénérable frère, dont les restes mortels reposent dans ce cercueil, achevait la semaine plein de vie, en possession de toute son intelligence et de sa lucidité d'esprit, de son activité, de son animation et de son enjouement habituels. Sans doute les infirmités inhérentes à son âge avancé se faisaient sentir et il n'en méconnaissait pas les avertissements. Cependant elles lui étaient si légères, il jouissait d'une si verte vieillesse qu'il n'était pas téméraire d'espérer qu'il pourrait atteindre ou même dépasser, comme son père, sa quatre-vingt-dixième année.

Le lendemain, dimanche, au matin, il se disposait à venir dans ce temple pour assister au service divin, il se préparait à consacrer à Dieu, par le saint baptême, un nouveau-né dans une famille amie. C'est alors que l'Éternel dit : fils de l'homme retourne, et il s'affaissa sur lui-même pour ne plus se relever. Cinq jours encore il vécut, dans un demi-sommeil, répondant à ceux qui lui adressaient la parole, serrant la main à ses amis attristés et à ses médecins dévoués, sensible aux baisers et aux tendresses de sa famille angoissée. Un jour on put avoir quelque espoir de le conserver. Ce ne fut, hélas ! qu'une fausse joie. Ni la science des docteurs, ni les soins affectueux des siens, ni les prières de ses enfants et de ses collègues, n'ont pu arrêter les progrès du mal. D'heure en heure on attendait sa fin lorsque, le jour même où sa vie devait s'éteindre, il se ranima et, déjà privé de la parole, il parvint non sans peine à faire comprendre, par signes, qu'il désirait communier une dernière fois. Puis, après avoir porté le calice à ses lèvres, il le tendit d'une main ferme et avec persistance, à ceux qui l'entouraient jusqu'à ce qu'ils eurent compris son désir qu'ils communiassent aussi, ce qu'ils firent. Levant alors la main il leur montra le ciel, voulant leur dire : au revoir ! je vous attends auprès du Seigneur. Deux heures après il rendait doucement le dernier soupir.

Heure solennelle, où le vieux serviteur, blanchi au service de son Maitre, confesse en présence de la mort la foi qu'il a prêchée toute sa vie. Heure solennelle, dont le souvenir restera précieux à jamais à ceux qui ont pris la Cène avec lui, et surtout pour son fils qui, dans sa douleur, a trouvé la force d'appeler sur cette tête chérie la bénédiction du Père céleste. Heure solennelle, par laquelle votre pasteur, *quoique mort, vous parle encore* et vous dit : *ne crains point, crois seulement ;* ne crains ni la mort ni le jugement, car Christ est mort et ressuscité.

Dieu l'avait donné, Dieu l'a rappelé. Puissiez-vous, chers

affligés, ajouter avec Job dans sa douleur : *que le nom de l'Éternel soit béni !* Oh ! c'est une perte bien douloureuse que celle du chef de famille, de notre père, eût-il quatre-vingts ans, surtout quand nous n'avons plus de mère. La maison paternelle est le centre de la famille, les enfants s'y rencontrent et s'y réunissent, chacun d'eux s'y sent chez soi. Qu'elle se ferme, la famille se dissout ou du moins le lien qui en unissait les membres se relâche. Avec le père nous perdons celui à qui nous sommes redevables, après Dieu, d'être des membres utiles et honorables de la société, celui qui dans son âge mûr a été le protecteur et le guide de notre enfance et de notre jeunesse et qui est resté jusqu'à la fin notre plus fidèle ami, nous conseillant dans nos perplexités, toujours patient et miséricordieux, pleurant et se réjouissant avec nous et cherchant son bonheur dans le nôtre. Aussi ce que nous éprouvions pour lui n'était ni la sympathie, ni l'amitié, ni l'amour, mais mieux que cela, un sentiment presque religieux, mélange d'affection et de respect, de confiance et de soumission, de dévouement et de gratitude, de la piété filiale.

Il nous était doux de nous abriter auprès de lui, de nous appuyer sur sa sagesse, de recourir à son expérience, de nous autoriser de son exemple. Nous aurions voulu le conserver toujours. Mais il n'était qu'*étranger et voyageur* et il s'en est allé *par le chemin de toute la terre*, il a passé comme avaient passé ses pères et comme nous passerons nous-mêmes et nos enfants après nous.

Oh ! quelle douleur de regarder étendu sur sa couche

funèbre le patriarche vénéré et chargé d'ans, frappé par la mort, son front pâli entouré de cheveux blancs comme d'une couronne d'honneur, ses yeux éteints qui ne cherchent plus les nôtres, ses lèvres muettes qui ne nous disent plus : mon enfant, ses mains glacées qui sont retombées inertes après nous avoir béni ! Heureux sommes-nous d'avoir pu, du moins, veiller à son chevet, lui prodiguer nos tendres soins et le voir s'endormir soutenu par sa foi en son Père céleste, joyeux dans son espérance en Christ. Heureux aussi de partager sa foi et son espérance ! Tout cela vous l'éprouvez et vous pleurez. Laissez couler vos larmes, mais en même temps soyez, comme le veut saint Paul, *patients dans l'affliction, persévérants dans la prière, joyeux dans l'espérance.*

D'ailleurs, *s'il y a quelque consolation dans la charité, quelque soulagement dans la communion d'esprit,* je vous le dis, vous n'êtes pas seuls à pleurer ; nous pleurons avec vous. L'Église tout entière est en deuil de son pasteur vénéré.

Appelé, par la famille de notre frère, à monter dans cette chaire, comme son plus ancien collègue, pasteur durant trente-trois ans d'une Église voisine violemment séparée de la vôtre, pour un temps que Dieu veuille abréger, et pendant douze ans ici même, et aussi comme son vieil ami, je ne viens pas vous retracer longuement la carrière pastorale de celui que nous avons la douleur de perdre. Né en 1807 à Nancy, l'année même de la fondation de cette église, il y a passé son existence tout entière, sauf ses quatre années d'études dans cette illustre Académie de Strasbourg que nous ne désespérerons jamais de revoir française. Vous avez été les témoins journaliers de sa vie active et toute consacrée aux devoirs de son ministère. Beaucoup d'entre vous, les uns déjà vieux, les autres jeunes, ont reçu le baptême de ses mains, ils ont été ses catéchumènes et ses paroissiens, plusieurs même ses amis. Sa vie a été mêlée à la vôtre, il a béni votre mariage, baptisé vos enfants, rendu les devoirs funèbres à vos morts bien-aimés. Aux uns il a rendu service, aux autres il a fait du bien. Ce que je pourrais vous dire vous le savez déjà et je n'ai qu'à lui rendre, avec vous, un dernier témoignage de respect affectueux et de regrets, un suprême adieu.

Lorsqu'il y a cinquante-cinq ans, sortant de l'Académie, il entra au service de cette Église, la communauté Réformée s'élevait à peine à cinq cents personnes. Il en était le seul pasteur et notre culte ne se célébrait que dans ce temple. Depuis elle a quintuplé, surtout, hélas ! à la suite des désastres inouïs d'une guerre malheureuse, elle est desservie par trois pasteurs et possède un presbytère et deux temples. A la fin de ses jours il avait lieu de rendre grâces à Dieu de sa prospérité présente à laquelle il avait tant contribué par son zèle et son activité durant le demi-siècle qu'il a présidé le Consistoire. Pouvait-il, du moins, se réjouir aussi de l'état spirituel de ses membres, de leurs progrès dans la foi et la piété ? Il ne l'osait pas et avec trop de raison, je l'avoue. Mais ne lui jetons pas la pierre, Dieu nous en garde !

De nos jours les serviteurs de Jésus-Christ travaillent au

milieu des circonstances les plus défavorables, contre lesquelles les plus zélés et les plus fidèles ne luttent pas toujours avec succès. L'Évangile qu'ils prêchent, trop souvent confondu avec les vieilles formules dogmatiques des siècles passés, a contre lui ce qu'on appelle, je ne sais pourquoi, les idées modernes, la liberté de penser légitime en elle-même mais trop souvent mal comprise, l'indifférence des masses et la passion des intérêts temporels, et parfois l'invasion funeste de la politique dans la religion. On tient la foi chrétienne pour une superstition et une servitude, les croyants pour des esprits faibles. On se croit un esprit fort parce qu'on ne croit plus à rien. Grave erreur ! Les faibles sont ceux qui manquent de foi et qui doutent, les forts sont ceux qui ne doutent pas mais qui croient. C'est la foi, et elle seule qui, dans le domaine religieux, engendre les apôtres de la vérité, les martyrs de la conscience, les héros de la charité, c'est elle et elle seule qui inspire une confiance absolue dans le Père qui est aux cieux, qui commande la lutte contre le mal et fait un devoir du renoncement à soi-même et de la vertu, qui console dans les épreuves et fortifie contre la mort par l'espérance de la résurrection et d'une vie nouvelle. Et même dans la sphère des choses temporelles c'est encore la foi, c'est-à-dire une pleine confiance dans leur œuvre, une ferme assurance du succès qui fait les apôtres, les héros, les martyrs de la liberté, de la science, du devoir, du patriotisme. Oui, heureux, en toutes choses, partout et toujours, ceux qui ne doutent point et qui ont la foi à qui, disait Jésus-Christ, rien n'est impossible.

Prêcher à ses frères la foi dans la charité de notre Père céleste que Jésus-Christ a révélé au monde en aimant jusqu'à donner sa vie sur la croix, la foi dans la dignité de l'âme humaine, dans la grandeur de notre vocation, la foi dans la venue du règne de Dieu sur la terre, dans le triomphe de la vérité et de la justice par l'amour fraternel, la foi joyeuse dans l'avenir éternel qui nous attend, croître et se fortifier soi-même dans cette sainte foi et la propager autour de soi, telle est l'essence du ministère pastoral. Qui est suffisant pour une œuvre si grande ? Personne. Aucun serviteur de Dieu n'oserait dire : j'ai fait tout ce que ma conscience m'ordonnait de sa part, tout ce que j'avais la volonté d'accomplir. Ce ministère, notre regretté frère l'avait embrassé dès sa jeunesse et l'a continué durant plus d'un demi-siècle, selon ses forces et ses lumières.

Il a prêché la foi au Dieu qui est amour et l'espérance en Christ ; il a prêché la loi sainte qui a été donnée pour la terre et pour le ciel : *tu aimeras le Seigneur ton Dieu de toute ton âme et ton prochain comme toi-même* et il s'est efforcé de la mettre en pratique. Et maintenant Dieu l'a rappelé dans ce monde invisible où la foi se change en vue et l'espérance en possession, où la vertu la plus excellente, la charité, subsiste éternellement.

Que l'Éternel accorde à ce pécheur son pardon et le reçoive en grâce au nombre de ses enfants, des rachetés de Christ, et que le Père des miséricordes nous ouvre aussi à tous le royaume de la sainteté et de la paix dans les cieux. Amen !

DISCOURS PRONONCÉ

PAR

M. LE PASTEUR LANGE

AU CIMETIÈRE

Messieurs,

J'ai été désigné par mes collègues de la consistoriale de Nancy pour dire, en leur nom à tous, un dernier adieu à notre cher et regretté Président. L'unique motif de cette désignation, c'est que je suis le plus ancien des pasteurs en fonctions dans la Consistoriale. Car évidemment je ne puis invoquer comme un titre particulier à ce douloureux honneur l'affection profonde que j'éprouvais pour celui que Dieu vient de nous reprendre : ce sentiment était partagé par tous ceux qui ont eu le privilège de le connaître de près et d'être ses collaborateurs dans l'œuvre du saint ministère. Et comment eût-il pu en être autrement ? Comment ne se serait-on pas senti vivement attiré vers cet homme à l'abord si sympathique, au cœur si chaud, à l'âme si expansive ? Comment n'aurait-on pas été gagné — et toujours plus complètement — par cet accueil si cordial qu'on était toujours sûr de rencontrer chez lui, par cet empressement avec lequel il se plaisait à aider de ses lumières et de ses conseils les collègues plus jeunes et moins expérimentés que lui, et surtout par cet affectueux intérêt, par cette bienveillance vraiment paternelle qu'il leur témoignait en toute occasion ?

Assurément, on pouvait n'être pas d'accord avec lui sur certaines questions ; on pouvait envisager autrement que lui tel des grands problèmes débattus de nos jours au sein du protestantisme ; mais en dépit de toutes les divergences de vues et d'opinions, on ne pouvait pas ne pas l'aimer. C'est que M. Schmidt n'était pas un de ces esprits autoritaires, comme il y en a trop, qui prétendent que tout le monde pense et croie comme eux : il discutait volontiers et se laissait non moins volontiers discuter lui-même. Respectueux de toutes les convictions sincères et véritablement ami de la liberté, il l'aimait, cette liberté, et il la voulait pour les autres aussi bien que pour lui-même. Homme de paix avant tout, il recherchait et s'appliquait à faire ressortir, dans ses rapports avec ses collègues, bien plus ce qui les rapprochait que ce qui les séparait de lui. Oui, voilà l'exemple, rare et précieux en tous temps, mais particulièrement rare et précieux dans le temps où nous vivons, voilà le grand et noble exemple que nous a légué notre vénéré Président, et dont nous lui garderons toujours une profonde reconnaissance.

Mais en nous rappelant ce qu'a été pour nous-mêmes le collègue, l'ami que nous pleurons, comment pourrions-nous oublier ce qu'il a été pour nos Églises ? Bar-le-Duc, Épinal, Saint-Dié, Lunéville, Toul, Remiremont, et celles que les malheurs de la patrie ont pour un temps séparées de nous, Metz, Courcelles-Chaussy, Sarrebourg, Hellering, Lixheim, Dieuze, — quelle est de toutes ces localités celle où le nom de M. Schmidt ne soit pas connu, respecté, aimé, et cela non seulement de nos populations protestantes, mais aussi de beaucoup de nos frères appartenant à un autre culte ? C'est qu'il n'est presque pas une seule de ces Églises qu'il n'ait fréquemment visitée et où il n'ait laissé des traces durables et bénies de son passage ; il n'en est presque pas une seule où il n'ait eu plus d'une fois l'occasion de faire entendre sa parole large, tolérante, vraiment évangélique. Plusieurs même d'entre elles — je puis citer tout spécialement ici ma chère Église de Lunéville — reconnaissent et vénèrent en lui leur fondateur et leur premier pasteur. C'est en effet grâce à son zèle, c'est grâce à son dévouement, qu'à une époque où les communications étaient bien plus difficiles qu'aujourd'hui, nombre de protestants disséminés dans notre région et jusqu'alors sans liens entre eux, privés de tout culte pour eux-mêmes et de toute instruction religieuse pour leurs enfants, ont été peu à peu rapprochés les uns des autres, organisés en groupes de plus en plus compacts, et enfin pourvus de moyens réguliers d'édification. Et si nous-mêmes, appelés à continuer l'œuvre qu'il avait commencée, nous avons trouvé la tâche relativement facile, c'est, dans un grand nombre de cas, — et nous nous en souvenons avec gratitude — c'est à lui, c'est à son infatigable activité que nous le devons ; il a labouré, il a semé, et nous, nous avons récolté les fruits de son travail.

C'est donc, cher et vénéré Président, au nom de ces Églises qui, jusqu'à votre dernier jour, n'ont pas cessé d'être les objets de votre chrétienne sollicitude, c'est au nom de tous ceux à qui vous avez fait du bien, que vous avez instruits, encouragés, fortifiés, consolés, c'est au nom de nous tous, vos collègues et vos amis, que je vous dis maintenant adieu, ou plutôt au revoir ! Oui, au revoir auprès de ce Maître, que, dans la mesure de vos lumières et de vos forces, vous avez si fidèlement servi jusqu'à la fin, et auquel nous voulons, à votre exemple, consacrer toujours plus complètement ce qu'il nous reste de forces et de vie !

DISCOURS

PRONONCÉ AU CIMETIÈRE DE PRÉVILLE

Par M. DUVERNOY

PROFESSEUR AU LYCÉE, MEMBRE DU CONSEIL PRESBYTÉRAL

Messieurs,

Après la parole si religieuse que vous venez d'entendre, c'est une voix plus éloquente et plus autorisée que la mienne qui devrait s'élever pour rendre à la mémoire de ce pasteur vénéré un hommage digne de lui, pour dire, comme il le faudrait, la reconnaissance, l'admiration respectueuse, la désolation du troupeau. Mon ancienneté relative dans cette paroisse, une amitié de trente-cinq ans pour M. Schmidt, auquel je dois (je me fais un devoir de lui rendre ce témoignage) le réveil de ma foi, voilà les seuls et bien faibles titres qui aient pu me désigner.

C'est une belle vie, Messieurs, que celle qui vient de finir ; belle par sa durée, qui a de beaucoup dépassé la moyenne ; belle surtout par l'activité déployée, par le bien accompli, par la grandeur des services rendus.

Parler du pasteur Schmidt, c'est résumer l'histoire de l'Église de Nancy presque dès l'origine et pendant plus d'un demi-siècle. Elle avait vingt-cinq ans d'existence seulement, elle était bien chétive, lorsqu'en 1831, par suite de la démission du pasteur Rodolphe Cuvier, il fut, bien jeune encore — il n'avait que vingt-trois ans — appelé à la diriger.

Dès lors et jusqu'à ce jour, soit comme pasteur et Président du Conseil presbytéral, soit comme Président du Consistoire, il n'a pas cessé de veiller sur ses destinées. Il eut la joie de la voir prospérer, s'étendre, s'enrichir de nombreuses annexes, dont quelques-unes sont devenues des Églises. Elle lui dut, pour ainsi dire, toutes ses institutions. Il n'y avait, avant lui, qu'une école mixte, mal installée, dirigée par un simple sous-maitre, et l'administration des pauvres était si dénuée de ressources, qu'elle dut bientôt se dissoudre. Sous ses auspices, la situation s'améliora peu à peu. Une caisse des aumônes fut reconstituée : elle prospéra ; elle est aujourd'hui placée sous la direction d'un Diaconat. L'école mixte fut dédoublée ; des maitres capables furent appelés, et, lorsque la maison presbytérale eut été acquise, nos deux écoles de garçons et de filles y trouvèrent une installation excellente. Elles avaient alors, elles eurent longtemps encore un caractère essentiellement confessionnel : elles étaient gouvernées par le pasteur sous la haute surveillance du Conseil presbytéral. Ces écoles, qui étaient son œuvre, M. Schmidt les aimait d'un amour de père, et il n'avait pas de plus grande joie que de les visiter. Il sympathisait avec l'enfance, et il trouvait, pour lui parler, des accents qui ne pouvaient sortir que du cœur. Aussi, lorsque d'impérieuses nécessités contraignirent le Conseil presbytéral à transférer nos écoles à l'administration municipale, ce fut avec un amer regret que M. Schmidt se résigna à se séparer d'elles.

Il est une institution dont son cœur charitable était ambitieux de doter notre Église. La fondation, à Nancy, d'une maison de diaconesses, pour soigner les malades pauvres, lui semblait le couronnement le plus enviable de sa carrière pastorale. Il me disait un jour : « Les diaco-« nesses, c'est le grand desideratum de notre Église ; c'est, « depuis des années, le vœu de mon cœur. Mais, ajoutait-il « tristement, je mourrai sans avoir eu la joie de le voir « satisfait. » Les jeunes gens, les pauvres, tous étaient ses enfants !

M. Schmidt était un administrateur rare. Dans nos Conseils, dont il était le Président, dont il fut aussi, jusqu'en 1873, le secrétaire, il apportait l'autorité de l'expérience, la sagesse des avis, la pénétration du coup d'œil, et aussi cet esprit de conciliation, cette libérale largeur qui rendent le bien plus facile. Il était heureux de pouvoir mettre au service de son Église le crédit que lui avait acquis, auprès des magistrats de cette ville et des représentants de l'autorité centrale, sa réputation incontestée de modération et de sagesse.

Quels ont été les fruits de ces cinquante cinq années de

labeurs ? D'un mot on peut le dire. En 1831 il n'y avait qu'un embryon d'Église : deux pasteurs seulement, dont un pour l'annexe de Bar ; à peine cinq cents fidèles ; le Consistoire était à Metz. Aujourd'hui, la population de la paroisse, avec ses dépendances, s'élève à près de 3,700 âmes. Nancy a trois pasteurs, dont un pour les fidèles de langue allemande que l'annexion nous a donnés. Elle est, depuis 1852, le siège de la consistoriale, qui comprend six paroisses et neuf lieux de culte, desservis par onze pasteurs titulaires ou auxiliaires.

Au milieu de cette prospérité, il y eut une grande douleur pour M. Schmidt, qui vivait tant par son Église : c'est lorsqu'en 1871, il la vit démembrer. La fatale guerre qui nous ravit l'Alsace et une partie de la Lorraine, le frappa doublement, comme citoyen et comme pasteur. Entre autres communautés de sa consistoriale, il perdait la belle Église de Metz, qui avait des traditions si anciennes et si glorieuses. Le rattachement des Églises des Vosges au centre de Nancy, l'affluence de nouveaux fidèles fuyant devant l'annexion, la joie même d'attirer près de lui l'ami de sa jeunesse, furent des consolations impuissantes pour son âme attristée.

Les fonctions du ministère ne suffisaient pas à l'activité peu commune de M. Schmidt. L'enseignement, qui y tient de si près, fut aussi l'objet de ses soins les plus dévoués. On le voit dans tous les Conseils qui président à la direction de l'instruction, aussi longtemps du moins que la loi lui permit d'y siéger. Membre du Conseil départemental, membre du bureau d'administration du Lycée, comme il en était l'aumônier, délégué cantonal pour les écoles, partout il apportait le précieux concours de sa grande expérience. Il était resté membre de la Commission d'examen pour la délivrance des brevets, et, depuis la mort du vénérable abbé Blanc, son collaborateur et son ami, c'est lui qui la présidait. Un pasteur à la tête d'une telle Commission, sans qu'il se soit élevé une voix pour protester, quelle preuve de la haute équité, de l'impartialité au-dessus de tout soupçon de M. Schmidt !

Il était de ceux qui, une fois entrevus, laissent de leur personne une impression ineffaçable. On n'oubliait pas cette physionomie mobile et vivante, cette ouverture d'abord qui attirait, cette franchise d'accent qui donnait l'assurance qu'on le connaissait tout entier. Ces dehors étaient la manifestation sincère de l'homme intérieur, le reflet d'une âme essentiellement belle et bonne.

N'est-il pas remarquable, Messieurs, que les meilleurs d'entre nous soient souvent aussi les plus éprouvés ? Comme si Dieu voulait qu'ils mettent leur vertu dans toute sa perfection en la consacrant par la patience. Notre ami a subi cette loi. A qui les douleurs sont-elles échues plus coup sur coup et plus poignantes ? Mais aussi, qui a souffert avec plus de dignité, avec une résignation plus chrétienne ? Il y eut pourtant un dernier beau jour dans cette vieillesse solitaire et attristée : celui où — il y a cinq ans — l'Église s'assembla pour célébrer la cinquantième année de son union avec son pasteur, et lui exprima, pleine d'allégresse, sa reconnaissance pour tous les biens qu'elle avait reçus de lui.

Malgré les grandes douleurs qui avaient troublé sa vie, M. Schmidt a eu le rare privilège d'une éternelle jeunesse. On aurait dit que le temps avait passé sur lui sans le toucher. A quatre-vingts ans, sans infirmités, il avait conservé la vigueur, l'élan, les enthousiasmes d'un autre âge. Esclave du devoir, ignorant les ménagements, c'est seulement il y a huit mois qu'il avait consenti à se laisser donner un suffragant. Il n'a pas connu les tristesses du déclin ; il n'a pas senti les forces, les sens, les facultés, la vie lui échapper en détail. Pour lui s'est réalisé ce vœu d'un penseur de notre temps, qui avait demandé la faveur de mourir tout entier.

Le coup soudain qui l'a frappé respecta jusqu'à la fin ses facultés dominantes : l'intelligence et la volonté. On vit alors un grand spectacle : on vit ce chrétien, sans voix, à demi glacé, surmonter toutes les impuissances dont la mort l'étreignait déjà, pour signifier qu'il voulait, une dernière fois ici-bas, s'unir avec son Dieu, et partager avec les siens la coupe de grâce qu'il leur avait si souvent bénie. Quelle puissance de la foi ! et quelle démonstration de notre liberté.

Voilà, Messieurs, voilà le pasteur que nous avons perdu. Il a été l'honneur de notre Église ; il a été aussi l'honneur de cette cité, dans laquelle, après une carrière de plus d'un demi-siècle, qui l'avait mêlé à tant d'hommes et à tant de choses, on peut dire que, dans toutes les classes, dans tous les partis, dans toutes les communions même, il n'y avait pour lui qu'estime et sympathie. Il nous laisse, il laisse à tous un exemple de dévouement et de bienveillance dans la vie, de résignation dans l'épreuve, de foi inébranlable dans la mort.

Nancy, imprimerie Berger-Levrault et Cie.

www.ingramcontent.com/pod-product-compliance
Ingram Content Group UK Ltd.
Pitfield, Milton Keynes, MK11 3LW, UK
UKHW021048260726
13994UKWH00005B/2401